AF338402

EXPOSITION UNIVERSELLE DE 1900
SECTION PORTUGAISE

COLONIES PORTUGAISES

COMMUNICATIONS

MARITIMES ET FLUVIALES

EN 1900

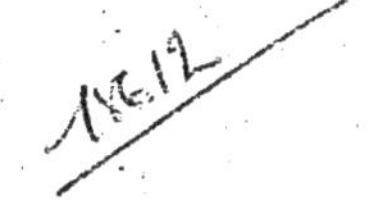

PORTUGAL

COLONIES PORTUGAISES

COMMUNICATIONS

MARITIMES ET FLUVIALES

EN 1900

COLONIES PORTUGAISES

COMMUNICATIONS MARITIMES ET FLUVIALES

EN 1900

PORTUGAL

COLONIES PORTUGAISES

COMMUNICATIONS

MARITIMES ET FLUVIALES

EN 1900

Si l'on n'apprécie l'importance des puissances coloniales que par l'étendue de leurs territoires d'outre-mer, on voit que le Portugal détient le quatrième rang parmi ces puissances; mais, ce rang, si digne d'un peuple de navigateurs audacieux qui a étonné le monde par ses entreprises aventureuses à travers des mers inconnues, ne lui échoit pas au point de vue maritime, quoiqu'il conserve encore toutes les aptitudes et toutes les qualités caractéristiques d'une race de marins hardis jusqu'à la témérité, transmises d'âge en âge à ses populations du littoral de la partie continentale du royaume et des îles qui en dépendent, et affirmées de nos jours par les étonnantes et périlleuses traversées d'Angleterre et de Lisbonne à Mozambique dans ces minuscules bateaux, vrais microbes navals, qui s'appelaient *Téte* et *Sena,* par celle du *Baptista d'Andrade* de Lisbonne à Mozambique, et tout récemment par celle des petites canonnières fluviales *Sabre* et *Carabina,* au canal de Mozambique, entre le Zambèze et Lourenço-Marques, qui toutes tiennent du prodige.

Une nation comme la nôtre, dont l'autonomie est assurée à cause des vastes colonies[1] qu'elle possède dans toutes les parties du monde, doit bien développer sa marine, de guerre et marchande, afin de resserrer les liens entre la métropole et ses possessions d'outre-mer. Aussi le Parlement a-t-il voté dernièrement pour la marine marchande une loi de protection à laquelle a fait allusion la *Revue Maritime,* excellente publication française, dont l'autorité est incontestable.

1. Les colonies portugaises embrassent une superficie d'environ 2 077 000 kilomètres carrés.

Pour avoir des colonies, il faut avoir une marine, disent tous les économistes. Ce principe est de toute évidence, surtout en ce qui nous concerne.

Nous avons besoin d'une marine marchande pour transporter les produits des industries de la métropole et les échanger contre les denrées coloniales; et d'une marine de guerre pour protéger le commerce maritime et assurer l'intégrité de nos possessions.

De plus, si nous jetons les yeux sur le Brésil, ce pays d'une fertilité exubérante, dont le peuple est une continuation de notre race, et où habitent plus de 300 000 Portugais; si nous les tournons vers la République Argentine, Montévideo, Boston, New-Bedford, Providence, la Californie, la Guyane anglaise, où vivent plus de 65 000 Portugais, constituant de véritables colonies; si nous doublons le cap Horn, ou le détroit de Magellan, rencontrant dans les territoires qui bordent l'océan Pacifique, et aux îles Sandwich, près de 20 000 Portugais, nous devons forcément nous convaincre de l'impérieuse nécessité de posséder une marine capable d'entretenir nos relations commerciales, de protéger et de conserver les mœurs et le caractère dominant de notre race dans ces colonies si éloignées.

C'est pour cela qu'on s'est efforcé d'augmenter notre marine de guerre, au moyen d'emprunts affectés à l'achat ou à la construction de nouveaux navires, au nombre desquels il faut citer quatre croiseurs protégés, dont trois construits à l'étranger, et un, le *Rainha D. Amelia*, construit sur le chantier de l'Arsenal de Lisbonne, et auxquels vient s'ajouter un cinquième croiseur, offert à l'État par souscription nationale; en outre, les plans sont tout dressés pour la construction d'une canonnière-torpille et l'on a commandé des bateaux fluviaux pour les colonies. Nous avons de meilleurs navires qu'auparavant et en plus grand nombre, mais nous ne possédons pas encore les unités navales suffisantes pour satisfaire complètement à tous nos besoins, ce qui arrive d'ailleurs à tant d'autres nations plus riches que la nôtre.

La transformation que subit, en ce moment, notre arsenal naval, grâce à une sage orientation dans la direction actuelle des constructions, prouve que l'on vient d'entrer dans une période d'activité compatible avec les ressources du pays et digne de tout éloge.

Quant à la marine marchande, nous avons fait des essais pour la protéger, et nous préparons les moyens de concentrer nos efforts dispersés, afin d'avoir un service complet, et national, pour assurer nos communications entre la métropole et toutes nos colonies.

Il existe cinq ou six grandes compagnies étrangères de navigation qui font la ligne du Brésil et qui touchent régulièrement à Lisbonne. Quelques-unes de ces compagnies ont des agences d'émigration dans les coins les plus reculés du pays, et font d'assez bons bénéfices en transportant des émigrants et d'autres passagers. Tout récemment, une ligne portugaise de navigation, disposant de trois bons navires, a entrepris la ligne du Brésil, et ses paquebots sont toujours pleins! C'est tout naturel, car le passager, l'émigrant surtout, préfère s'embarquer sur un navire de sa nationalité, du moment qu'il peut y jouir des mêmes commodités que sur les navires étrangers.

La marine marchande à voiles s'est accrue, dans ces derniers temps, de quelques navires achetés en Angleterre. Il faut croire que la loi de protection votée tout récemment, donnera un nouvel essor à nos constructions navales, ranimant ainsi une industrie nationale, autrefois si renommée par les beaux types de navires que produisaient nos chantiers de la métropole et ceux de l'Inde portugaise.

En ce qui concerne la marine marchande à vapeur nous sommes mieux partagés. Nous possédons, entre autres, une forte compagnie de navigation, réellement nationale, assurant le service des communications entre la métropole et les colonies de l'Afrique occidentale, qu'elle met, à leur tour, en communication les unes avec les autres.

Cette entreprise, devenue prospère grâce à une bonne administration, possède une flotte de 12 paquebots, exclusivement employés dans la ligne d'Afrique qu'elle exploite conformément à un contrat passé avec le Gouvernement et dont nous allons donner une idée générale.

L'*Empreza nacional* de navigation est la seule qui ait un contrat avec le Gouvernement pour l'établissement d'une ligne de navigation entre la métropole et ses possessions de l'Afrique occidentale. Ses voyages obligatoires sont :

Douze voyages, au moins, d'aller et retour, entre Lisbonne et Mossamedes, avec escale à S. Thiago, St-Thomas, Cabinda, Ambriz, Loanda, Novo Redondo et Benguella ;

Douze voyages, au moins, d'aller et retour, entre Lisbonne et la baie des Tigres, avec escale à Madère, St-Vincent, S. Thiago, le Prince, St-Thomas, Cabinda, Santo Antonio du Zaïre, Ambrizette, Ambriz, Loanda, Novo Redondo, Benguella, Mossamedes et Port Alexandre ;

Douze voyages, au moins, entre Lisbonne et Bolama, avec escale à Bissao ;

Des voyages supplémentaires pour relier entre elles les îles du Cap-Vert, et celles-ci avec Bissao et Bolama ;

Deux voyages par mois, au moins, autour de l'île de St-Thomas, combinés avec les voyages de Lisbonne, avec escale aux ports de Almoxarife, Sant'Anna, Praïa Rei, Praïa Ribeira, Pedra Furada, Angra de S. João, Praïa Peixe, Praïa Grande, Jogo-Jogo, l'îlot das Rolas, S. Miguel, Ponta Furada, Santa Catharina, Ponta Diogo Vaz, Neves, Planca, Praïa das Conchas, Fernão Dias et l'îlot das Cabras.

L'Entreprise doit, en outre, faire toucher un paquebot à Leixões[1], au moins une fois par mois, pour y débarquer les chargements de provenance africaine et y prendre les marchandises destinées aux ports de l'Afrique. Quand le temps ne permet pas de charger à Leixões, l'Entreprise s'entend avec la Compagnie des chemins de fer pour le transport des marchandises, sans frais pour le chargeur. A partir du 1er janvier 1900, l'Entreprise a mis en marche, à titre d'essai, un nouveau paquebot qui part tous les mois de Lisbonne à Benguella, avec escale à St-Thomas et à Loanda. Si cet essai réussit, ce nouveau trajet sera inséré au contrat définitif. Le Gouvernement s'est réservé la faculté d'établir de nouveaux ports d'escale à l'île de St-Thomas et dans la Guinée, quand le commerce garantira, au moins, cinq tonneaux de chargement par voyage.

La période maximum de la durée des voyages jusqu'à la baie des Tigres est de 60 jours.

Quand le Gouvernement a besoin d'envoyer une expédition militaire ou civile dans l'un des ports de l'itinéraire, l'Entreprise, dans le délai de 15 jours, doit mettre à la disposition du Gouvernement les vapeurs disponibles pour effectuer ce transport, contre garantie de 400 passages à l'aller et de 200 au retour, payés au prix du tarif ordinaire. Pour les ports de Mozambique, de l'Inde, de Macao et de Timor, l'Entreprise s'engage au transport des expéditions, moyennant un tarif spécial indiqué au contrat.

Les vapeurs de la ligne d'Angola ont une capacité supérieure à 2800 tonneaux, ceux du Cap-Vert et de la Guinée à 800, et ceux de St-Thomas à 120 tonneaux.

La vitesse effective ne doit pas être inférieure à 12 nœuds par heure, pour la première de ces lignes, à 10 nœuds pour la deuxième, et à 8 nœuds pour la troisième. L'Entreprise nationale peut avoir à son service des officiers de la marine de guerre, mais

---

1. Port artificiel, de construction récente, à proximité de celui de Porto.

sans traitement payé par l'État; dans chaque paquebot, le Gouvernement fixe le personnel mécanicien qui peut être embarqué.

Le Gouvernement prélève un bénéfice de 5 pour 100 sur les prix des passages des fonctionnaires de l'État, et de 10 pour 100 sur ceux du chargement. En outre, il a droit à 12 passages gratuits pour les colons allant en Afrique et se trouvant dans les conditions indiquées par une loi spéciale. L'Entreprise doit se charger de la malle-poste, de la correspondance officielle et des colis-postaux; mais quand le poids des colis-postaux dépasse 1000 kilos, l'excès du poids est payé à l'Entreprise à raison de 20 reis par kilogramme.

Le Gouvernement accorde à l'*Empreza* le privilège du transport des passagers et des cargaisons de l'État, ainsi que l'importation libre du charbon pour l'usage exclusif de ses vapeurs; et l'importation des navires à vapeur et à voiles est également libre de droits d'entrée. Toute infraction est sujette à une amende prévue dans le contrat.

Par suite du développement toujours croissant du commerce avec les possessions portugaises de l'Afrique occidentale, l'*Empreza* a décidé d'établir, à titre d'essai, chaque mois, un voyage rapide en plus, de sorte que nos communications avec ces colonies sont actuellement régies par l'itinéraire suivant :

Lisbonne. . . (départ)	le 1er de chaque mois.		11 de chaque mois . .		21 de chaque mois.	
Madère		—	13	—		—
St-Vincent		—	17	—		—
S. Thiago		—	18-19		27-28	—
Le Prince		—	28-29	—	6-7 du mois suivant.	
St-Thomas	15-16	—	30-1er du mois suivant.		8-10	—
Cabinda		—	3	—	12	—
S. Antonio du Zaïre		—		—	13	—
Ambrizette		—		—	14	—
Ambriz		—	4	—	15	—
Loanda	19-20	—	5-6	—	16-17	—
Novo-Redondo		—	7	—	18	—
Benguella		—	8-9	—	19-20	—
Mossamedes		—	10-11	—	21	—
Baie des Tigres		—		—	22	—
Port Alexandre		—		—	22	—
Mossamedes		—			23-24	—
Benguella	21-23	—	12-13	—	25-26	—
Novo Redondo		—	14	—	27	—
Loanda	24-25	—	15-16		28-29	—
Ambriz		—	17	—	30	—
Ambrizette		—	18	—	1er du 3e mois.	
S. Antonio du Zaïre		—	19	—		—
Cabinda		—	20	—	2	—
St-Thomas	28-29	—	22-23	—	4-5	—
Le Prince		—	24	—	6	
S. Thiago		—	2 du 3e mois		14	—
St-Vincent		—		—	15	—
Madère		—		—	19	—
Lisbonne . . (arrivée)	14 du mois suivant.		8	—	21	—

Nous allons nous occuper maintenant des communications maritimes et fluviales dans nos colonies, en commençant par la province du Cap-Vert, pour suivre un ordre qui nous mènera successivement en Guinée, à St-Thomas et au Prince, à Angola, à Mozambique, dans l'Inde, à Macao et à Timor.

ARCHIPEL DU CAP-VERT

Cet archipel se compose de deux groupes d'îles qui, par leur situation par rapport au vent qui y souffle, ont reçu le nom d'Iles du Vent et d'Iles sous le Vent. On y compte en tout. quatorze îles et îlots, disposés sensiblement sur deux lignes, dont l'une se dirige de O.-N.-O. vers E.-S.-E. et comprend les îles du Vent, telles que S. Antão, Sᵗ-Vincent, Santa Luzia, les îlots Branco et Raso, Sᵗ-Nicolas, Boa Vista et l'île du Sel. Le groupe des îles sous le Vent s'étend aussi sur une ligne droite qui se dirige de E.-N.-E. vers O.-S. O. et comprend les îles de Maïo, S. Thiago, Fogo et Brava, ayant au nord quelques petits îlots, dont les principaux sont Rombo et Grande.

Le littoral des diverses îles du Cap-Vert est très découpé et forme divers ports, baies ou criques qui facilitent beaucoup les communications entre les insulaires. Parmi ces ports, nous devons mentionner celui de Sᵗ-Vincent, qui offre un vaste et sûr mouillage très fréquenté et où les plus grands transatlantiques peuvent jeter l'ancre, à toute heure du jour et de la nuit, et en toute sécurité. On peut y faire du charbon et de l'eau, renouveler les provisions et communiquer avec tous les ports du monde au moyen du câble sous-marin.

Les mers de l'archipel sont assez poissonneuses et, quelquefois, visitées par les baleines; on y trouve quelques stations de pêche. L'industrie de la pêche et de la salaison du poisson tend à se développer, grâce aux salines des îles du Sel et de Boa Vista qui pourraient servir pour la préparation de la morue, si abondante sur les bancs d'Arguim.

Le service des communications maritimes entre les îles est fait par de petites embarcations qui vont de port en port décharger et recevoir des marchandises pour les populations et les propriétés voisines, ainsi que par les steamers de l'Entreprise nationale qui, dans leurs voyages supplémentaires, font le cabotage entre les îles en suivant l'itinéraire indiqué ci-dessous.

Pour les besoins du cabotage inter-insulaire, le commerce du Cap-Vert possède, principalement dans les ports de Sᵗ-Vincent .et de Praïa, des embarcations à voiles jaugeant de 20 à 250 tonneaux.

ILES PARCOURUES	JOURS DE L'ARRIVÉE
S. Thiago.	13 de chaque mois
Fogo	15 —
Brava	15 —
Tarrafal[1].	17 —
S. Thiago.	17 —
Maïo	18 —
Boa Vista	19 —

1. Tarrafal est un des ports de l'île de S. Thiago, du nord.

ILES PARCOURUES	JOURS DE L'ARRIVÉE
Sel	19 de chaque mois.
St-Nicolas	20 —
S. Antão.	21 —
St-Vincent	21 —
S. Antão.	24 —
St-Nicolas	25 —
Sel	25 —
Boa Vista.	26 —
Maïo	27 —
S. Thiago.	27 —
Tarrafal	30 —
Brava	1er du mois suivant
Fogo	1er —

GUINÉE

La Guinée portugaise est entrecoupée par un grand nombre de rivières, de canaux naturels, de bras de mer, se croisant et communiquant entre eux, et formant un réseau hydrographique presque entièrement navigable et de facile exploitation si l'on se sert d'embarcations appropriées aux moyens de communication entre ses ports principaux et les factoreries disséminées dans la province. Comme on le voit, les rivières sont les véritables routes de la Guinée; et lorsque l'hydrographie de cette province sera bien établie, on reconnaîtra que ce qui est le plus nécessaire à son développement c'est une petite flottille de petites canonnières, dans le genre des *Stern-Wheelers*, pour le service fiscal, la police et la protection des cabotiers navires et du service exclusif des maisons commerciales, qui prendront, avec de telles garanties, un plus grand développement.

Actuellement, les communications sont assurées par les navires de l'*Empreza Nacional* qui vont tous les mois à Bolama et à Bissao, entrepôts des marchandises que le commerce local y fait apporter par les embarcations des factoreries.

En suivant l'itinéraire déjà indiqué, les vapeurs de la ligne de la Guinée parcourent aussi l'archipel du Cap-Vert; mais le départ de Lisbonne a lieu le 29 de chaque mois, en ligne directe pour Bolama où les vapeurs arrivent régulièrement dans la matinée du 7, pour toucher le 9 au soir à Bissao, d'où ils repartent le 11 au matin pour S. Thiago du Cap-Vert. Ils parcourent alors les îles de l'archipel et, le 3 du mois suivant, au soir, ils reviennent à Bissao, puis à Bolama, et le 5 au soir ils repartent pour Lisbonne où ils arrivent le 12 ou le 13 du même mois. .

Les ports les plus importants de la Guinée sont, évidemment, ceux que nous venons de citer ; mais ceux de Cacheu, Buba, Géba, Cacine et Farim valent aussi la peine d'être mentionnés. Entre eux se trouvent plusieurs factoreries établies dans des endroits appelés *Pontos* et dont le service est fait par de petites embarcations à voiles. Cependant, quelques maisons de commerce ayant des factoreries disséminées dans la province, possèdent des chaloupes à vapeur pour leur service exclusif. Parmi ces maisons, nous citerons celles de :

B. Soller, successeurs, de Hambourg, qui emploient un petit remorqueur affecté principalement à naviguer sur le Géba ;

Otto Schacht, de Hambourg, qui emploie un remorqueur pour le service de ses factoreries ;

F. Blanchard, qui possède également un remorqueur.

Il y a encore la Compagnie de la Guinée portugaise, société anonyme belge dont le siège est à Bruxelles, qui a établi à Bolama sa principale maison de commerce ; comme elle possède plusieurs succursales et propriétés agricoles dans diverses localités de la province, elle emploie à son service un vapeur qui fait la traversée entre Dakar et Serra-Leoa et touche quelquefois à Praia.

La ligne Woermann, allemande, dessert quelquefois les deux ports de Bissao et de Bolama, ce qui constitue un moyen de plus de communication entre eux.

Le gouvernement de la province, pour mieux assurer soit le service postal, qui ne peut être à la merci des besoins des maisons commerciales, sur les points situés hors de l'itinéraire des vapeurs de la ligne, soit le service de la police et du fisc, possède, outre les canonnières de la flottille, les caïques *D. Carlos Ier*, *Nuno Tristão*, les chaloupes *Cacine*, *Aurelia-Correia*, *Bandim* et le canot *Cacondo*, qui font des voyages réguliers entre Bolama, Bissao, Cacheu, Farim, Buba, Cacine et vont quelquefois à Sambel'-Nhanta, Sambelchior et Géba.

Quoique suffisant aux besoins actuels, ce service sera bientôt augmenté de trois chaloupes canonnières et d'une canonnière de transport.

Cette dernière servira à établir des communications entre Bolama, Cacheu, Cacine et certaines îles des Bijagoz. Une des canonnières desservira Cacheu, et les deux autres circuleront sur le Géba et le Bololla ; des chaloupes à voiles les appuieront.

St-THOMAS ET LE PRINCE

Les îles de St-Thomas et du Prince constituent deux des meilleurs et des plus beaux types de colonies de plantations de toute l'Afrique intertropicale. Situées sous l'équateur, par la nature de leur terrain montagneux et fortement raviné par d'importantes rivières, couvert de riches forêts, elles se prêtent magnifiquement à plusieurs cultures coloniales, telles que le cacao, le café, le quinquina, la canne à sucre, la vanille et bien d'autres produits de la zone tropicale.

Les plantations sont généralement situées dans la région nord-est de l'île de St-Thomas; mais on trouve, le long du littoral, plusieurs propriétés qui profitent de la voie maritime côtière pour trafiquer avec le port principal de l'île, dans la baie Anna de Chaves.

Pour ces communications, les agriculteurs se servaient de petites gabares; mais actuellement, grâce au service de navigation établi autour de l'île, d'après les clauses du contrat dont nous avons parlé, les communications sont plus régulières et plus sûres, donnant ainsi satisfaction aux principales nécessités du commerce et de l'agriculture.

Le gouvernement vient de passer un contrat avec la maison Holtz de Harbourg, pour la construction d'un bateau à vapeur de 400 tonneaux qui fera le service spécial de la province, afin de resserrer encore les relations entre ces deux îles qui constituent deux des plus beaux joyaux de la couronne de Portugal.

En outre, ces îles sont aussi reliées entre elles par quelques navires à voiles qui font le voyage éventuellement, ainsi que par les paquebots de la *Empreza Nacional*.

ANGOLA

La province d'Angola, baignée par l'océan Atlantique sur une longueur de 1625 kilomètres, occupe sur le continent africain une superficie d'environ 1 256 000 kilomètres carrés, et possède un territoire d'une grande fertilité.

La côte, qui se prolonge sensiblement dans la direction N.-S., forme divers ports de mer dont quelques-uns, très importants par leur étendue et leur sécurité, sont destinés à devenir des têtes de lignes de chemins de fer.

Le port de Loanda, tête de ligne du chemin de fer qui va à Ambaca sur une longueur de 300 kilomètres et qui se prolongera jusqu'à Malange et, de là, par un embranchement, vers le nord-est dans la direction du Quango, est le port qui offre le plus grand mouvement commercial. Viennent ensuite le port de Benguella et ceux du Congo.

L'influence portugaise s'étant affermie, non seulement sur la côte, mais encore à l'intérieur des terres, on a vu cesser presque complètement, entre les indigènes, ces luttes intestines qui empêchaient les caravanes commerciales d'arriver aux comptoirs des négociants établis sur le littoral et sur certains points de l'intérieur.

Cette circonstance, jointe à l'ouverture du chemin de fer d'Ambaca et à la construction de quelques routes carrossables qui relient le plateau du sud d'Angola avec Benguella et, du côté du Humbe, avec Port-Alexandre, a donné en résultat un accroissement de mouvement commercial avec la métropole, entièrement portugais, et sous pavillon national.

Pour s'en convaincre, il suffit de comparer le mouvement de l'année 1885, qui fut de 3785 contos de reis, avec celui de 1895 qui a été de 11 648 contos, c'est-à-dire de plus du triple.

Outre les ports de Loanda, de Benguella, et du Congo, nous devons citer ceux d'Ambriz, de Mossamedes, de Port-Alexandre, de Novo Redondo et beaucoup d'autres qui desservent les petits centres agricoles du littoral.

Pour assurer les relations commerciales entre tous ces ports, la place de Loanda possède les embarcations suivantes : 1 barque, 43 yachts, 28 caïques, 4 cutters, 4 chaloupes et 2 gabares.

Ces embarcations sont principalement affectées au service des ports de moindre importance où les paquebots ne touchent pas.

Pour le service fluvial, le gouvernement de la province dispose du transport *Vilhena*, monté par des matelots de la marine marchande, et du transport *Salvador Corréa* monté par des marins de la flotte.

Le *Vilhena* est destiné spécialement au transport de la malle-poste entre Cabinda et les ports du Zaïre. A cet effet, il part d'ordinaire de Loanda, le 2 de chaque mois, pour les ports de la côte du Nord, faisant escale à Ambriz, Quicembo, Musserra, Ambrizette, Mucula, Quinzau, S. Antonio du Zaïre, Cabinda et Landana. Il prend à l'occasion quelque chargement et des passagers, surtout de l'État, et la malle-poste pour les divers points. De Landana il retourne à Cabinda où il attend l'arrivée du paquebot de « l'Empreza Nacional », qui y touche en venant de Lisbonne, conformément à l'itinéraire que nous avons décrit, reçoit les correspondances de l'Europe pour l'État indépendant du Congo et les porte jusqu'à Boma, en touchant dans tous les ports portugais du Zaïre jusqu'à Noqui; ensuite il retourne à Cabinda et arrive à Loanda après avoir parcouru les mêmes ports qu'à l'aller.

Outre le fleuve Zaïre, il en existe un autre où entrent les vapeurs de haut bord : c'est le Quanza, cours d'eau important et navigable sur une étendue de près de 180 kilomètres, mais qui ne peut être sillonné que par des navires aménagés tout exprès, à cause de son peu de profondeur.

Le service de la navigation à vapeur du Quanza et ses communications avec le port de Loanda font l'objet d'un privilège spécial.

Ce fut le 10 juin 1868 que se fit le premier contrat pour la navigation du Quanza avec communication à Loanda; mais les clauses n'en ayant pas été observées, le contrat fut annulé, et la navigation fut confiée à la Banque d'Outre-Mer.

Par ce dernier contrat, l'adjudicataire fut obligé à deux trajets entre Loanda et Calumbo et entre Calumbo et Cambambe, de manière à effectuer 48 voyages d'aller et retour entre ces deux derniers ports, et 24 entre les deux premiers. Pour assurer ce service, il ne fallait pas moins de deux vapeurs en fer, de construction et de jauge appropriées. Les prix sont fixés par un tarif faisant partie du contrat, et d'après lequel la charge et les passagers de l'État bénéficient de la réduction d'un tiers du prix ordinaire. Toutes les fois que le Gouvernement a besoin de faire transporter des troupes dans un port quelconque du Quanza, l'Entreprise doit se mettre à sa disposition. La malle-poste est transportée gratuitement.

Pendant 15 ans, l'Entreprise jouit du privilège de la navigation sur le Quanza et a la faculté de couper, gratuitement, sur les rives du fleuve, les bois dont elle peut avoir besoin pour l'emploi exclusif de la navigation.

Voilà, en résumé, les principales clauses du contrat qui, bien que n'ayant pas été prorogé, comme l'ordonnait le décret du 3 octobre 1892, est encore en vigueur;

mais il doit expirer en 1900, qui est l'année où expirent tous les privilèges accordés à la Banque d'Outre-Mer.

Les factoreries portugaises et étrangères, établies en territoire portugais sur les rives du Chiloango, comme celles du Zaïre, possèdent des embarcations spéciales pour leur trafic sur les rivières et les canaux navigables.

Sur les fleuves de l'intérieur proprement dit, tels que le Quango, le Cuito, le Quando, le Cubango, le Cassai et autres, qui ont de grandes sections navigables séparées par des rapides ou des cataractes, les communications ont lieu au moyen d'embarcations indigènes, creusées dans le tronc de certains arbres; et il en est de même pour le haut Quanza, pour le Cunène moyen, pour le Queve, pour le bas Bengo et pour divers autres fleuves qui se jettent directement dans l'océan.

Le Gouvernement portugais, convaincu de la nécessité d'assurer son domaine sur les territoires baignés par quelques-uns de ces fleuves, a établi dans leur région de véritables postes d'occupation qui pourront se prêter main-forte, mutuellement, dès qu'ils disposeront de petites flottilles d'embarcations appropriées aux communications fluviales et à la police, encourageant ainsi les négociants à ouvrir dans ces lieux quelques ports ou stations commerciales, comme ils l'ont déjà fait dans certains des endroits mentionnés.

MOZAMBIQUE

Sur la côte orientale d'Afrique, notre unique possession s'étend du parallèle 10° 40' de latitude Sud au parallèle 26° 52', et est coupée au centre par le fleuve Zambèze, grande artère navigable, mais de peu de profondeur, se jetant dans l'océan par diverses embouchures dont une seule, le Chinde, donne accès à l'intérieur du fleuve. Il y a, dans la province, plusieurs autres cours d'eau navigables dans leur parcours inférieur pour des embarcations spéciales, ou qui offrent simplement, près de leurs embouchures, des mouillages sûrs pour des navires d'un certain tirant d'eau. Il faut mettre au nombre des premiers le Maputo, le Tembe, l'Incomati, le Limpopo, le Pungue, le Zambèze, le Bons Signaes, le Macuse, etc.; et, parmi les seconds, le Linde, le Licungo, le Tejungo et le Mluli.

Outre ces rivières dont les embouchures sont autant de mouillages, on rencontre quelques ports qui, par leurs conditions naturelles, sont les meilleurs du monde. Il suffit de citer à l'appui de cette assertion les magnifiques baies de Pemba, Nakala, Conducia, Mocambo, Inhambane et Lourenço Marques[1].

Il est vrai que tous ces ports n'ont point l'importance commerciale qui devrait découler de leur situation par rapport aux territoires auxquels ils pourraient servir de débouchés naturels, si la province avait atteint le maximum d'exploitation mercantile.

1. Voir : *Colonies portugaises*, par Ernest de Vasconcellos.

Il en est, cependant, dont le développement commercial est déjà assez flatteur, comme Lourenço Marques, Inhambane, Beira (embouchure du Pungue), Chinde, Quelimane, Angoxe, Mozambique et Ibo.

Le service des communications maritimes entre les divers ports de la province, quoique mieux fait à Lourenço Marques, Beira, Chinde et Quelimane, laisse beaucoup à désirer dans les autres ports; et, comme il n'existe pas de lignes desservies par des compagnies portugaises le long de cette côte, et qu'aucun contrat spécial n'oblige les compagnies étrangères qui l'exploitent, il s'ensuit que le commerce et le Gouvernement se trouvent à la merci de celles-ci.

De toutes ces compagnies, celle qui offre actuellement le plus d'avantages au commerce, c'est la *Deutsche Ost Afrika Linie* qui maintient les escales auxquelles elle était obligée par un ancien contrat qui n'a pas été renouvelé. Cette ligne, qui fait deux voyages par mois, parcourt toute la côte de Mozambique, facilitant ainsi les communications entre tous les points.

Il y a encore les *Chargeurs Réunis* qui, venant du Sud, font le service de Madagascar en touchant aux ports portugais jusqu'à Mozambique; l'*Aberdeen Line*, qui, une fois par mois, relie le Natal aux ports du Sud jusqu'à Quelimane;

La maison portugaise *Borges et Cie* qui, avec ses trois bateaux à vapeur *Matabelle*, *Induna* et *Venice*, fait le parcours entre Lourenço Marques et Inhambane et, éventuellement, va jusqu'au Natal d'où tous les mois part aussi un paquebot, directement pour Inhambane en touchant à Lourenço Marques, quand il a du chargement pour ce port.

Les communications entre Lourenço Marques et le fleuve Limpopo sont assurées par trois maisons de commerce portugaises de cette ville, qui exploitent cette ligne lorsque le temps le permet, à cause de la barre de Limpopo; mais elles font en moyenne deux voyages par semaine. Le vapeur *Général Silverio*, appartenant au district, va aussi au Limpopo, en service de l'État, et charge des marchandises pour le compte des particuliers. Tous ces navires vont seulement jusqu'au port fluvial de Chaï-Chaï et montent éventuellement jusqu'à Languène, à l'époque des grandes marées.

Sur le reste du parcours navigable du Limpopo inférieur, les chaloupes canonnières font le service de la police et des communications officielles.

Quelques chaloupes à voiles font le voyage d'Incomati, Maputo, etc., établissant des relations commerciales entre les factoreries de ces points et Lourenço Marques.

Au nord de la province, dont le principal entrepôt est Mozambique, il y a pour suppléer au manque de communications à vapeur avec les ports voisins, 1 brick, 1 goélette, 11 chalands, 17 bateaux et 10 chaloupes. Les bateaux et les chaloupes font le service de Mossuril, Cabaceira, et Conducia; les autres embarcations vont jusqu'à Ibo, Zanzibar, Angoxe et Quelimane.

Le service de la navigation fluviale du Zambèze est fait principalement par l'État dans un but de police et de fiscalisation; mais les particuliers en profitent parfois, et aujourd'hui, grâce à la Compagnie de la Zambézie, qui possède un certain nombre d'embarcations, ce service s'est amélioré. La Compagnie des *Lacs* et celle de la *Flotilha* ont aussi contribué à ce résultat.

C'est pour parer aux inconvénients de la navigation du Zambèze que l'on a donné à la flottille de ce fleuve une organisation telle que ses embarcations pussent, dans certains cas, effectuer des voyages pour le transport des marchandises et des passagers de l'État; et dans ce but, on a fait construire quelques chaloupes canonnières dont la cale peut contenir environ 15 tonnes de marchandises.

La flottille comprend 3 divisions destinées à desservir des régions diverses, suivant les conditions de navigabilité des fleuves.

La 1re division est destinée à la région du delta du Zambèze, depuis son embouchure jusqu'à Lupata ; elle dessert Chinde, Inhamissengo, Chire, Ziu-Ziu, etc. ; sa station est à Vicente.

La 2e division dessert la section du fleuve entre le Muira et les cataractes de Cabora-bassa (Muira, Lupata, Sungo, Massangano, Tête, Boroma, Ponzo et Chicoroma) ; sa station est à Tête.

La 3e division embrasse la section du fleuve comprise entre les cataractes de Cabora-bassa et le Zumbo.

Outre le service de police, la flottille est chargée de celui de la malle-poste et du transport des cargaisons du Gouvernement ; elle remorque et escorte les embarcations de commerce et surveille les droits du fisc sur le fleuve et ses affluents. Ces services sont effectués d'après les ordres du gouverneur de la province ; mais en ce qui concerne la discipline, la nomination du personnel, le ravitaillement, l'administration, etc., la flottille est considérée comme faisant partie de la division navale de la mer des Indes.

Le service de la 1re division est fait par les chaloupes canonnières *Cuama*, *Chirim* et *Quaqua* ; celui de la 2e division par les chaloupes *Granada*, *Obuz*, et *Marane* ; celui de la 3e division n'est pas encore organisé.

L'équipage de la flottille est composé d'un personnel pris dans l'escadre et d'un personnel auxiliaire.

Un règlement général établit les règles à observer pour la navigation et le transit des marchandises sur le Zambèze et la Chire. En vertu du traité du 11 juin 1891, cette navigation est libre, dans la partie où ces fleuves et leurs affluents sont sujets à la domination portugaise, pour toutes les embarcations et pour tous les pavillons, pourvu qu'on observe le règlement pour la sécurité et la surveillance de la navigation, et qu'on paie les impôts et les droits dont le revenu est affecté à rémunérer les services rendus à la navigation.

Est libre et exempt de droits et impôts de toute espèce, le transit des marchandises de toute nationalité, provenance ou nature que ce soit, entre la mer et les possessions britanniques attenantes à la province de Mozambique. Il n'est soumis qu'aux dispositions du règlement du 18 mai 1892, qui établit la forme de plomber les marchandises en transit, indique les postes de douane destinés à cet effet, désigne les stations de charbon où il est permis de toucher et impose une amende aux contrevenants.

Les stations principales de la douane ou du fisc sont sur le Chinde, ou aux autres embouchures du Zambèze et à Chiuanga.

Les stations de charbon et de vivres sont : Chinde, Inhamgombe, Vicente, Inhaguingue et Chilomo.

INDE

Les possessions portugaises de l'Inde, ce théâtre de tant de prouesses héroïques de nos anciens marins et guerriers, qui ont inspiré ses plus belles pages au chanteur des Lusiades, forment ce que l'on appelle l'État de l'Inde, et comprennent les territoires de Goa sur la côte du Malabar, Damão et Diu sur la côte de Cambaye.

Le territoire portugais de Goa est le plus vaste des trois ; il s'étend depuis la base des Gattes occidentales jusqu'à la mer, rappelant par ses découpures hydrographiques la formation des *fiords*, de la côte de Norvège.

En effet, au centre de notre territoire, les fleuves Mandovy, Zuary et autres sont parsemés de nombreuses îles séparées par divers canaux qui relient ces deux fleuves entre les anciennes provinces de Bardez et de Salcete.

Les fleuves de Goa sont presque tous navigables pour les *ionas*, *patamarins* et *muchuos*, embarcations employées au service des transports et qui forment un bon moyen de communication facile et économique. Dans la capitainerie du port, sont enregistrés 17 *patamarins*, 6 *muchuós* et diverses autres petites barques pour le service fluvial ; en outre, le port de Goa possède plusieurs navires à voiles qui font le cabotage jusqu'à Damão, Diu et Bombay.

Le trafic principal auquel s'emploie la flotte de Goa est le transport du riz, du sel, des boissons fermentées, dont on fait une grande consommation, et l'exportation pour les ports anglais.

Comme le port de Goa est impraticable pendant la mousson du S.-O., il a fallu construire le port artificiel de Mormugão pour servir de tête de ligne au chemin de fer qui traverse notre territoire dans la direction des Gattes où, à Castle-Rock, il va s'embrancher avec la voie ferrée de Baroda et de Bombay. C'est par ce port que l'Inde s'approvisionne des produits qu'elle importe pendant que la barre de Goa est fermée.

Le service fluvial du transport des passagers et des bagages se fait par des chaloupes à vapeur appartenant à l'État et dont l'administration est confiée à un bureau spécial, dirigé par un officier de marine et dénommé : « Bureau de la navigation fluviale par chaloupes à vapeur ».

Les voyages ont lieu entre Pangim et Vieille Goa, Cundaim, Cortalim, Durbate, Rachol, Sanvordem, Vérem, Bétun, D. Paula, Mormugão. L'horaire est réglé par les marées du canal de Combarjua. Pendant l'hiver, les voyages à Sanvordem n'ont lieu que le samedi, et ceux de D. Paula cessent tout à fait.

Le district de Damão n'a qu'une petite étendue de côte, et ses relations maritimes sont aujourd'hui presque abandonnées à cause du chemin de fer qui le traverse.

Le trafic local est fait principalement par de petits bateaux ; pour ses communications avec les autres points de l'Inde, le port de Damão possède 8 goélettes.

Dans le district de Diu, d'une étendue côtière plus grande, il y a plusieurs bricks, et quelques embarcations de moindres dimensions pour le service du cabotage.

MACAO

Cette province se réduit à la ville et aux îles de Taïpa et de Coloane. Le port a ses communications régulières avec Canton et Hong-Kong au moyen de petits vapeurs qui satisfont aux premiers besoins de la colonie; ce service a comme auxiliaires des embarcations chinoises, *lorchas*, *ackaos*, *faitiões*, employées au trafic des rivières et des ports de la côte chinoise voisine.

Le gouvernement dispose de quelques chaloupes à vapeur, pour la police et le service du fisc, et quelques bateaux de charge.

TIMOR

Ce district, séparé aujourd'hui de la province de Macao, comprend les territoires de la région orientale de l'île, et la petite île de Cambing. Ses communications régulières sont faites par des vapeurs hollandais des Indes, et le service de la côte est presque uniquement fait par deux petits vapeurs montés par des marins de l'escadre.

On voit, par ce qui précède, que le réseau des communications de la métropole avec ses colonies et de ces colonies entre elles, quoique susceptible d'un développement rendu nécessaire par le progrès toujours croissant du commerce intercolonial, a été l'objet d'une vive sollicitude de la part du gouvernement central et qu'il suffit aux besoins les plus pressants. Les améliorations en projet, dont la réalisation aura lieu dans un avenir très prochain, mettront à l'abri de toute contingence les communications rapides qui doivent constituer un des premiers éléments de prospérité du commerce colonial, et un des moyens les plus efficaces pour assurer la haute surintendance du gouvernement dans l'administration de chacune des possessions d'outre-mer, contenir les nombreuses populations indigènes soumises à notre domination, réprimer leurs insurrections et leur imposer le respect du pavillon portugais.

TABLE DES MATIÈRES

www.ingramcontent.com/pod-product-compliance
Lightning Source LLC
Chambersburg PA
CBHW061703050726
47598CB00004B/1657